Für die Liebe meines Lebens

 C. Heiland war ein später Silvesterkracher und wurde am 1. Januar 1977 in Castrop-Rauxel geboren – in diesem Jahr das erste Baby der Stadt. Später war er dann auch der erste, der unfreiwillig aus dem Akkordeon-Orchester Lünen-Süd austrat. C. wurde Autodidakt und brauchte nur eine Woche, um das faszinierendste Instrument aller Zeiten zu erlernen – die Omnichord. Seitdem ist er hauptberuflich Virtuose, lebhaft seit vielen Jahren in Berlin-Kreuzberg. Mit *C. Heiland in Haikuland* legt er nun seinen ersten Gedichtband vor: 51 Haiku, die er auch noch selbst illustriert hat.

 Herr Hoffmann begleitet den Heiland seit vielen Jahren auf seinem Weg. Gemeinsam arbeiten sie in verschiedenen künstlerischen Projekten hauptsächlich klanglicher Natur. In seiner leider viel zu begrenzten Freizeit schreibt und produziert Herr Hoffmann vor allem Hörspiele. Zu diesem Band hat er die Einführung beigetragen. Herr Hoffmann wohnt in Berlin und ist im Besitz des Führerscheins Klasse III.

C.Heiland in Haikuland

氏・俳藍土　居夢　俳句　藍土

Erste Auflage 2010
Alle Texte & Illustrationen © C.Heiland.
Alle Rechte vorbehalten. Abdruck (auch
auszugsweise) nur nach ausdrücklicher
Genehmigung durch den Herausgeber.
Titelübersetzung: Naoko Ogawa
Gestaltung: Rüdiger Schlömer
Druck: Oktoberdruck AG, Berlin
Vertrieb: www.vertriebscentrum.de
Printed in Germany
ISBN 978-3-938625-97-2

INHALT

Transit

BETRIEBSANLEITUNG[1]

Danke und herzlichen Glückwunsch, dass Sie sich für den Kauf dieses hochwertigen Gedichtbandes entschieden haben. Sie finden hier zunächst Informationen, mit denen Sie die enthaltenen Haiku möglicherweise besser handhaben können.

Wie sein Verfasser ist das Haiku eine Art Lyrik der Superlative. Der lustige Vers[2] ist die kürzeste Gedichtform der Welt, denn Aphorismen sind keine Lyrik. Und so anthropomorph wie hier geht es selten zu[3]: das Außen spiegelt den Zustand drinnen, Objekte als Symbole, nichts ist, wie es scheint und alles hat – auf freundlich paranoide Weise – mit allem zu tun. Willkommen zu einer neuen Runde der alten Zeichenfrage[4].

Erste Schritte

Konstruiert werden Haiku nach folgendem, immergleichen, allerdings auch sehr strengen Muster[5]: Drei Wortgruppen. Fünf sieben fünf. Silben. Ein kleiner Test:

Silbenrätsel

ab, an, auf, be, da,
durch, ent, gen, hin, los, sa, ter,
tot, vor, ver, wei, zu

— — — — —
— — — — — — —
— — — — —

Hat alles geklappt? Schön, dann können wir ja weitermachen.

Es ist sicher kein Zufall, dass der Schlagersänger C. Heiland von allen denkbaren Gedichtformen das Haiku wählt. Schon die Vorgängerversionen des Haiku – Tanka und Waka – erinnern an BattleRap, DubClash und Sängerstreit: Mehrere Personen tackern im Japan des 13. Jahrhunderts bei geselligen Anlässen Silben – besser gesagt: Moren[6] – aneinander und lehren sich so gegenseitig Mores. Wie das gesamte Comedyuniversum stellt das Haiku damit eine Art spielerische Momentaufnahme dar. Ein recht niedrigschwelliger Spielplatz allerdings, auf dem es allzu oft um Sichtbarkeit geht. Der Inhalt spielt zuweilen eine eher untergeordnete Rolle, stattdessen: Sehen und Betrachten bzw. deren passive Gegenstücke[7]. Nicht Sinn, sondern Sichtbarkeit. Und die Hülle muss gut aussehen, bis zum Schluss[8].

1 mit Fußnoten
2 Haiku – (jap.) lustiger Vers
3 zumindest in der sogenannten zeitgenössischen sogenannten westlichen Poesie. Bei uns ist die Natur ja eher der Feind.
4 später mehr dazu, hier erst mal:
5 der Heiland ist hier wohl eher der Heiland des AT, die Bestandteile der Haiku seine jeweiligen 17 Apostel?
6 mora – (lat.) Aufschub, Verzögerung, Redepause; hier bezogen auf lange oder kurze Silben, basierend auf Vokallänge
7 zweifellos – Performanz (auch sprachliche) muss hier (wie überall) mindestens den Kategorien volle Punktzahl sehr gut/sechs setzen, Kloßbrühe/Linsensuppe, kann sein/kannze vergessen gehorchen, will sie noch Kommunikation sein. *Widersinnig* und *nicht sinnlos* – eben. Husserl? Auch immer wieder lesenswert.
8 kleb den Mund zu, es zieht im Ofen!

Aus diesem vermutlich noch recht amüsanten Sprachspiel wird aber spätestens dann Ernst, als Japan sich im Laufe des 16. Jahrhunderts hermetisch von der Außenwelt abriegelt. Es entsteht ein rein japanischer, von äußeren Einflüssen reichlich unbehelligter, kultureller Kontext, in den die Haiku sich betten wie einst Dornröschen hinter ihrem BioStacheldraht[9] und die jeder Leser gerade deshalb versteht. Planet Japan, Festung Europa. Einleuchtend und folgerichtig, dass die hier versammelten Haiku nur Simulation sein können. Wenn auch eine naheliegende. Was nämlich soll das sein – ein europäischer Kulturkontext, den jeder gleich versteht? Zäune? Kameras? Pizza vom Chinataxi Mykonos?

Doch damit nicht genug. Der Simulationscharakter zeigt sich auch darin, dass es in den ursprünglichen[10] Haiku immer um Natur geht. So auch hier, aber nicht nur. Und die bereits erwähnten Moren legen die schon vorhin gehegte Vermutung nahe, dass es nicht so sehr um den Inhalt oder Sinn geht[11]. Vielmehr stellt sich die Frage, welche Zeit eine bestimmte Entität[12] im Raum einnimmt. Wahlweise auch umgekehrt. Heisenberg. Das Haiku als Anker in der RaumZeit, meditative Gehhilfe und sprachlicher Rollator – Sojasoße und Omega3 lassen einen eben sehr alt werden.

Anwendung[13]

In gut christlicher Manier missioniert der Heiland jetzt also die staunenden Völker des Ostens. Staunend, wie nur Ungläubige es können. Er begibt sich auf Shoppingtour durch den Baumarkt der Tradition und findet[14] das Haiku. Sprache ist Abwesenheit. Aber hier, im Haiku, werden Zeichen und Bezeichnetes eins. Der Sprache als Sprache bei der Arbeit zusehen[15]. Und die Sprache zum Ballon machen – weil wir sie haben und gerade weil wir es können. Nicht versuchen, Wahrheit und Lüge im außermoralischen Sinn[16] gegeneinander auszuspielen, auch nicht zu verbinden oder gar den Widerspruch aufzulösen. Stattdessen: in der Betrachtung der Absurdität, in der Kontemplation der Leere Sprache als ein *weiteres* Phänomen auffassen. Ein Haiku verfassen/lesen/kommunizieren heißt, mit Symbolen und Zeichen zu hantieren, ohne sie mit Bedeutungsintention aufzuladen. Wie Mathematik, die auch ihren Kontext nicht selbst herstellt, gleichzeitig aber technischen Fortschritt nicht ausschließt. Und auch wie Zaubersprüche, die ebendies nicht vermögen, die aber[17] beliebig kontextualisiert werden können und so vielleicht doch noch einen Sinn rausspringen lassen[18].

Für Sie als Leser bedeutet all das: Sprechen Sie diese Haiku ruhig laut aus, in verschiedenen Kontexten. Sie werden schon sehen, was Sie davon haben.

Herr Hoffmann
Berlin, im Frühjahr 2010

9   100% biologisch abbaubar
10 was immer das heißen mag
11 westliche Krankheit Sinnsuche
12 z.B. Sprache
13 mindestens dreimal täglich, z.B. vor/zu/nach den Mahlzeiten
    (nicht Zutreffendes bitte streichen)
14 zum Schnäppchenpreis
15 was ja stets besser ist, als selbst zu arbeiten
16 vgl. Basler, Mario: Nachgelassene Schriften,
    Suhrkamp Taschenbuch Wissenschaft, 1873
17 wie jedes Zeichen, dreimal schwarzer Kater!
18 glauben zumindest Bibi Blocksberg und Ihre EsoBrüder…

AUTOPOIESIS

Das System schafft sich selbst
Und erhält sich
Erhellt es sich auch?
Vielleicht, denn
Irgendwann geht alles mal kaputt

Laissez-faire

Der Rhododendron
Steht im Haus, vertrocknet bald
Nicht autark genug

Schleim on canvas

Zucker rein ins Pferd
Zu klein für große Schnauze
Mund auf: Stillleben

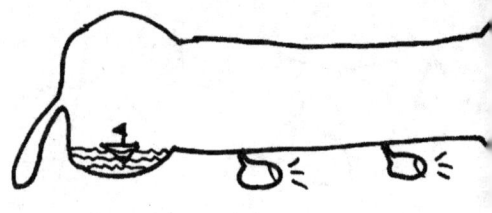

Höhl dem Hund den Hals
Stups ihn an, und schon hast du
Den Wackeldackel

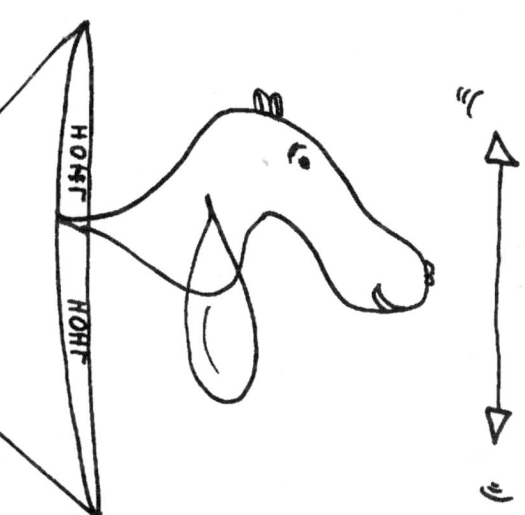

Oink

Man braucht keinen Stall
Keine Wiese, keine Flur
Überall Schweine

Bald Durst

Haxe in Wien: rülps!
Simsalabim – Bibimbab
Haps in Korea

Praktikabel

20 Prozent auf
Alles – außer Tiernahrung
Sparen Sie wie blöd!

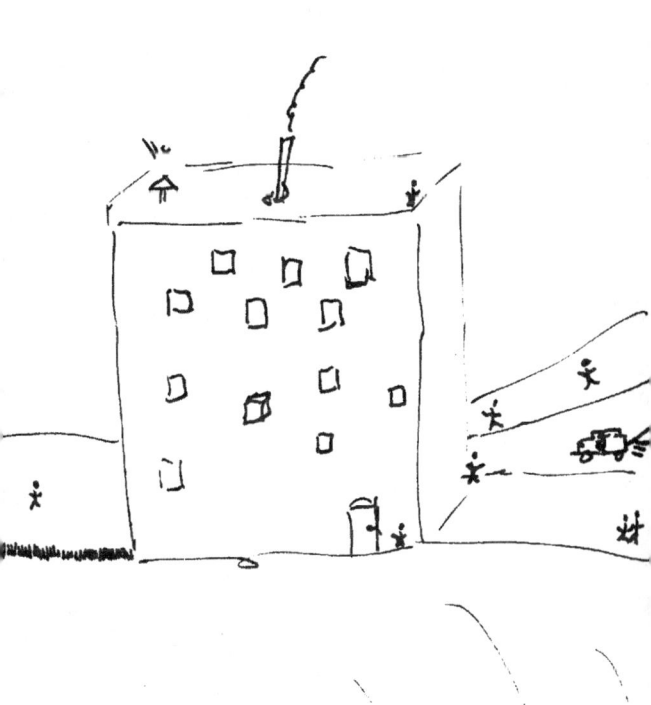

Vorurteil 1

Von wegen, denkste
Spontanautomatisches
Arbeiten macht krank

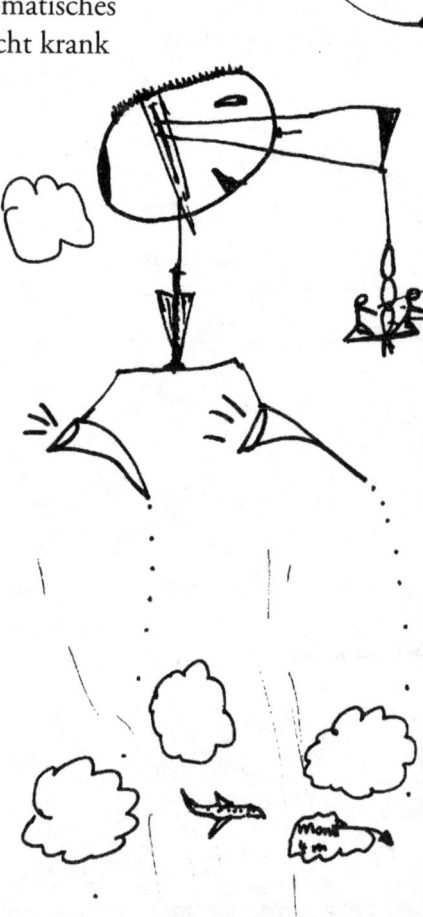

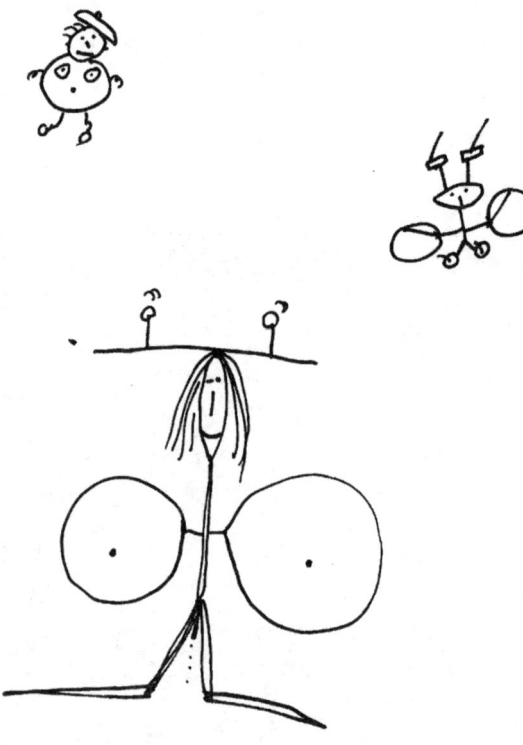

Heidi Klümchen

Den, der grausam ist
Mainzelmann und Teletub
Nicht verniedlichen!

30

Guck mal meine Hipster-Schauspieler-
Leggins aus Prenzlauer Berg

Sag mal, im Ernst jetzt
Du studierst Geografie?
Echt? Das ist ja fresh!

O EINE QUITTE (SPRICH: KWITTE)
   ↵

O EINE LYCHEE (SPRICH: LÜTSCHIE)
   ↵

O EINE QUITTEGELBE PHYSALISZITRONE,
   ↵ GESCHMACKSRICHTUNG LIMETTE SÜSS SAUER
      (SPRICH: FÜSALISS ZITROHNE USW.)

Quitte-Lychee

Wer zum Beispiel bloß
Findet Bionade gut?
Referendare!

First Class-Ratgeber

Willi ist zu klein
Leider gerade geschieden
Küss doch dein I-Phone

Lückentext

Fehlen die Worte?
Nimm dir eins bloß, füll das Loch
Komm, setz es hier ____ !

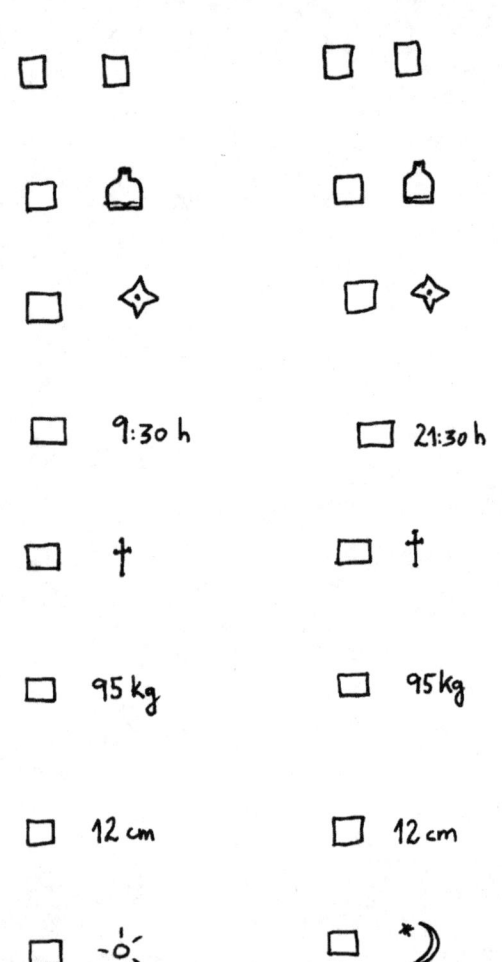

☐	☐		☐	☐
☐	🍼		☐	🍾
☐	✦		☐	✦
☐	9:30 h		☐	21:30 h
☐	†		☐	†
☐	95 kg		☐	95 kg
☐	12 cm		☐	12 cm
☐	☀		☐	☽

Knoppers

Welch Gleichförmigkeit
Morgens halb Zehn in Deutschland
Wie abends halb Zehn

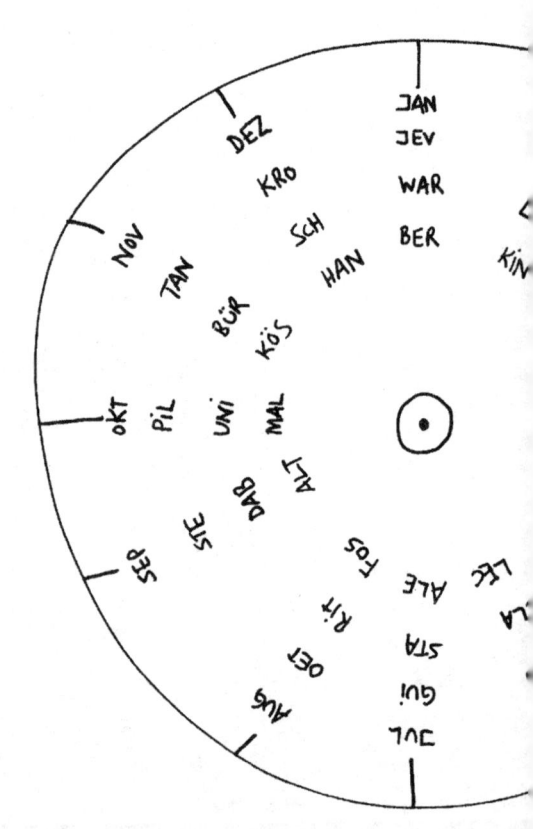

40

Sommerzeit

Umstellen der Uhr
Ist ja immer Ende März
Zeit bleibt nicht stehen

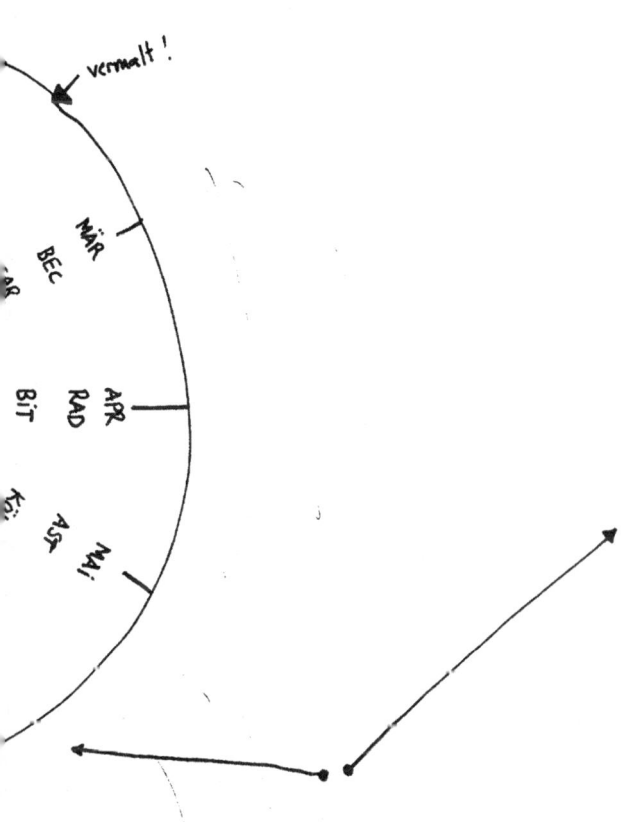

Formfehler

In diesem Haiku
Wird nicht auf die Form geachtet
In zweiter Zeile

MINIMAL PAIRS

Dach- und
Bach-
Ach- und
Krach-
Lach- und
Sachgeschichten

Hach!

NUR UIN UN TUR SCHIUD

HAL KU IST FAST WIU HUI KU

STATT ~~KU~~ I a I

Statt E U

Nur ein Unterschied
Haiku ist fast wie Heike
Statt e i a i

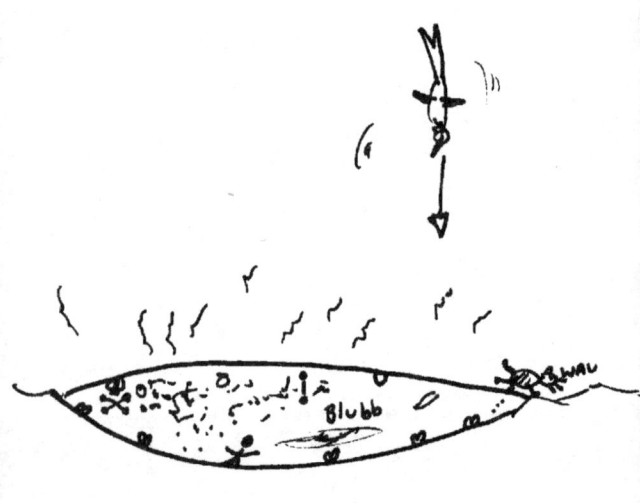

Blubb

BWAU

Märchen 4

Mit mir hast du Pech
Tauch ein in das Schwefelbad
Kloake des Glücks

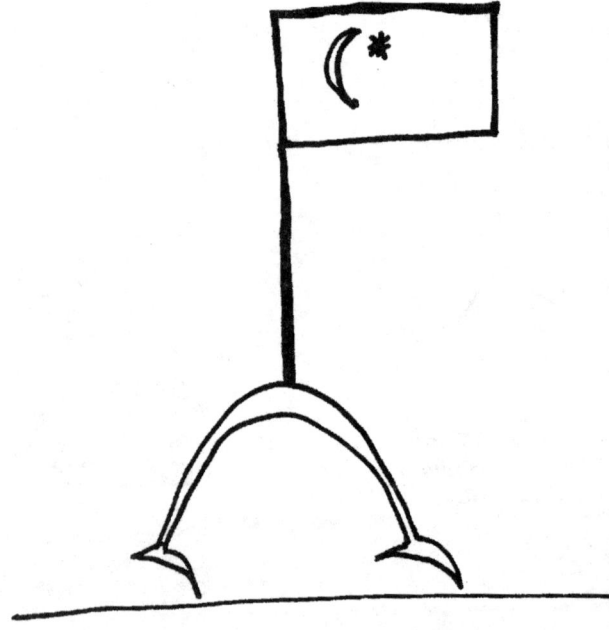

Politik

Suche den Fehler
In der rechten Abbildung
Im Vergleich mit Links

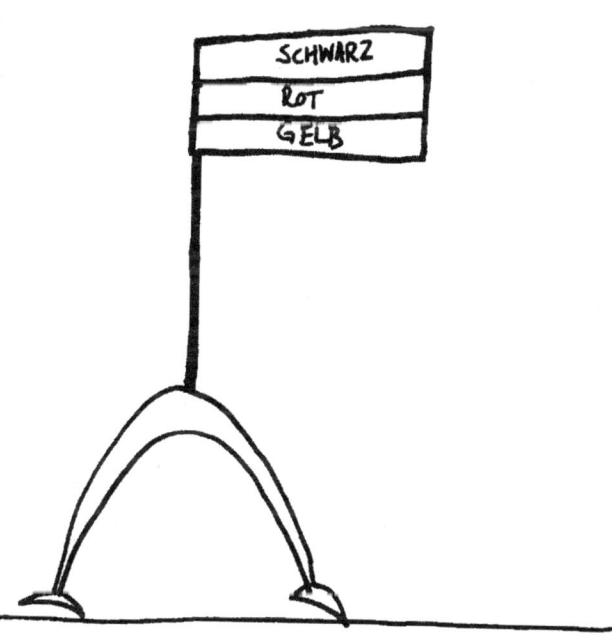

WM 2022

Auf der Tribüne
Tanzen nur nackte Frauen
Auf dem Spielfeld auch

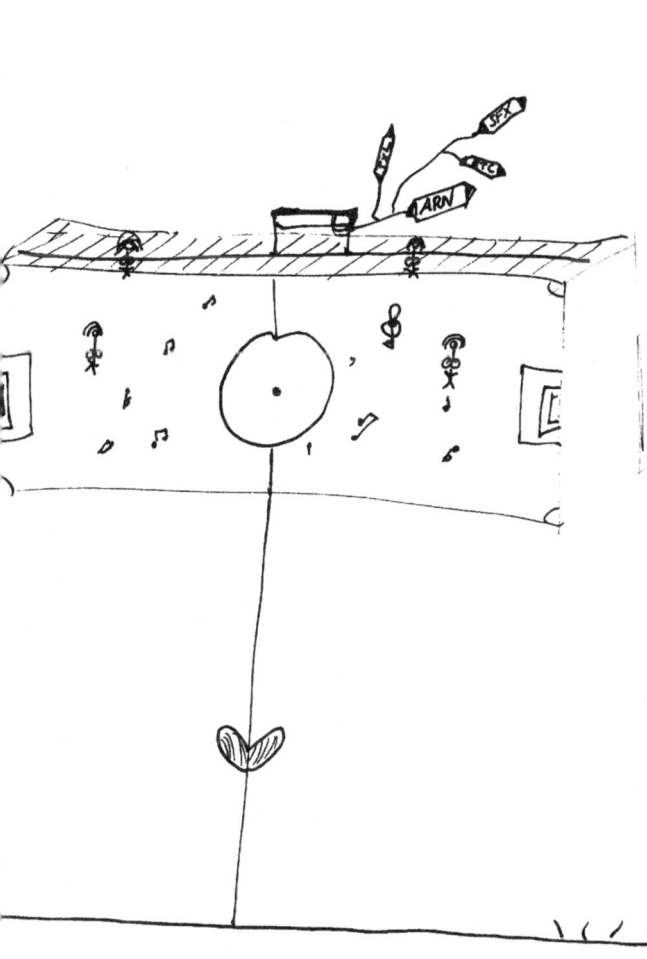

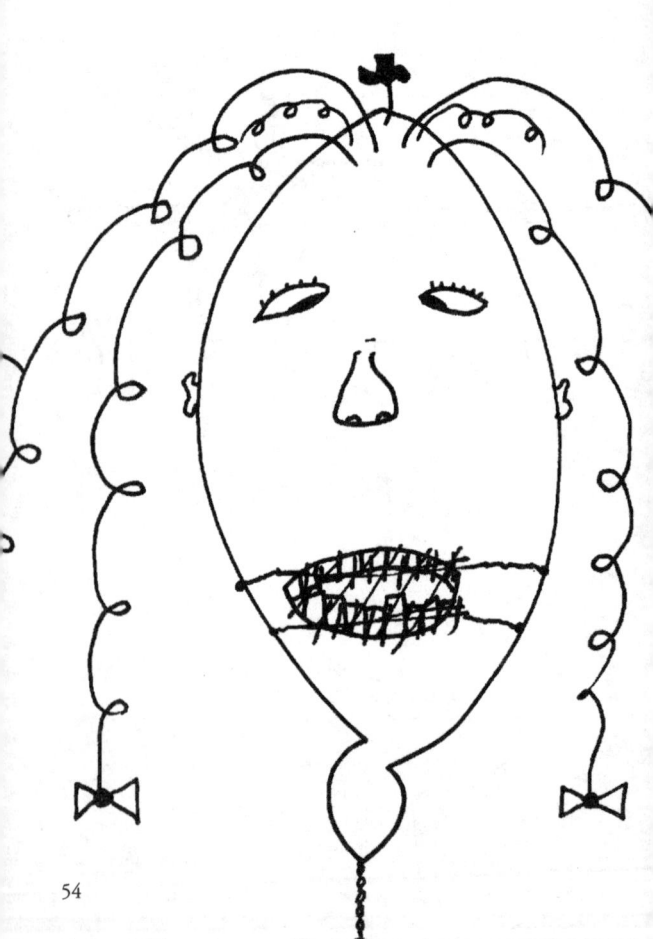

Model für Nabokov

Mit deiner Spange
Siehst du wie Lolita aus
Mit Essensresten

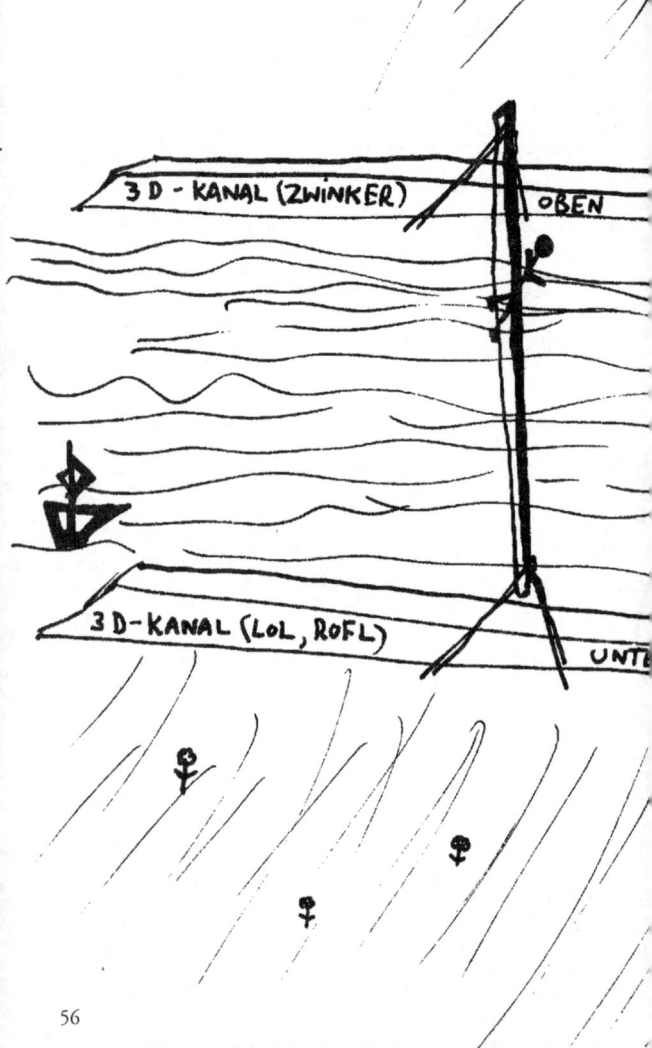

Rhein-Herne-Kanal

Du auf der Brücke
Spring nicht, das wird schon wieder
Ach, du willst baden?

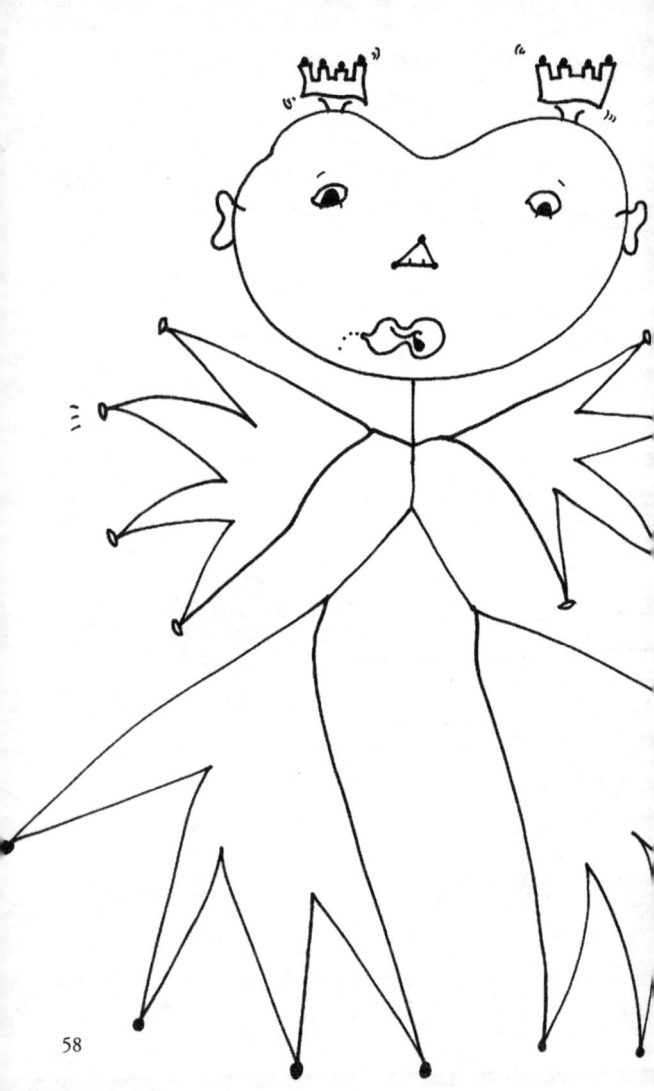

Märchen 2

Schnelle Erkenntnis
Küss mich, ich bin dein Froschmann
Wohl nur Frosch, nicht Mann

Hubba Bubba Kotze

Gibt's Ekligeres?
Männer mit offenem Mund
Kaugummi kauend

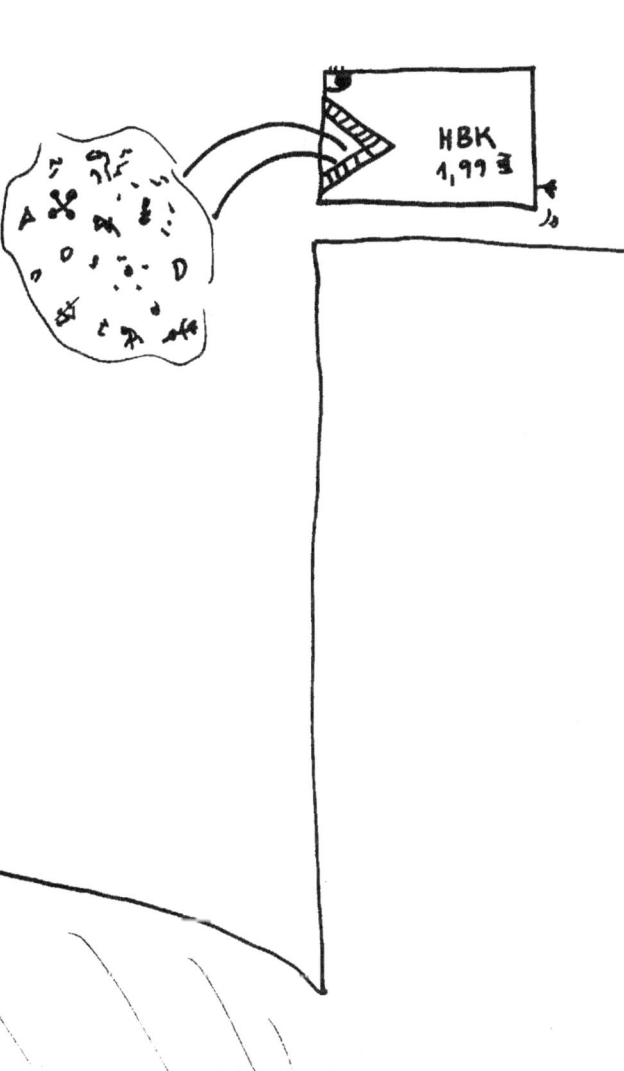

HBK
1,99 €

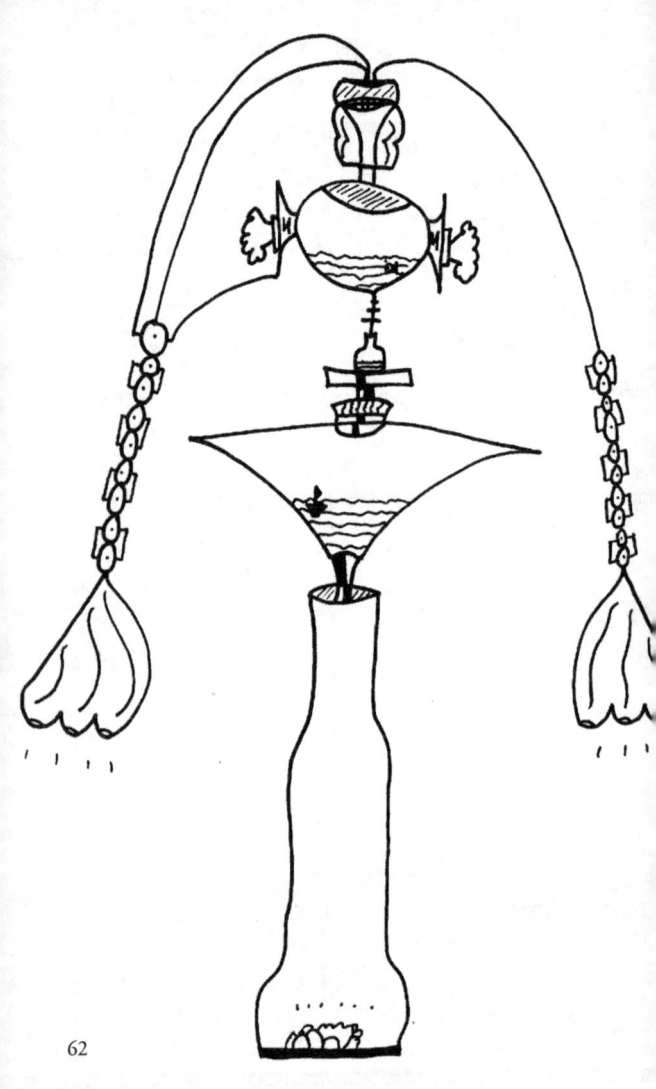

Kacke im Flakon

Wenn du geraucht hast
Kette, und voll die Fahne
Besser als Gucci

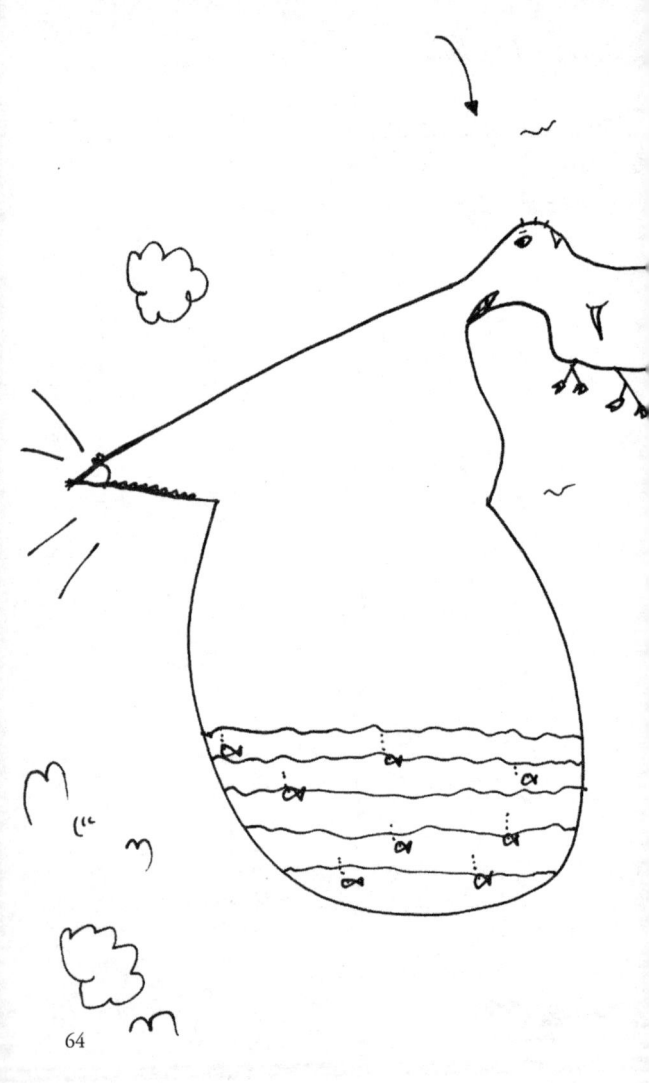

Odol ist aus

Sieh: der Pelikan
Er gurgelt laut mit Fischen
Wohl für den Atem

TRÖT !

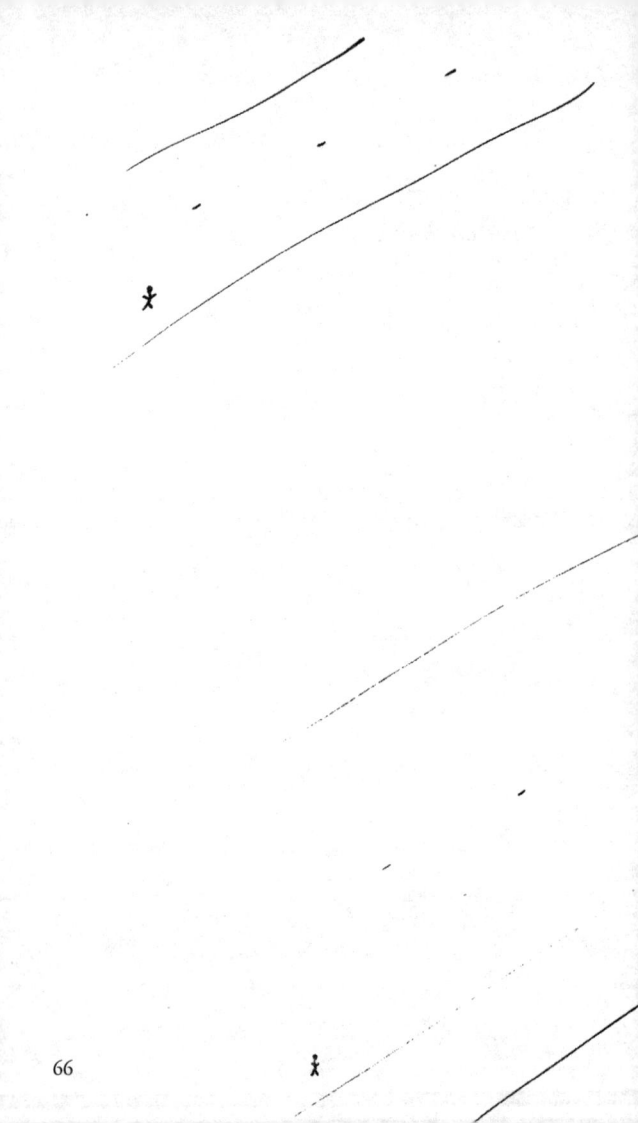

Jeden Tag

Zu Fuß von Söder
Zum Mäster Samuels Gränd
Ich denke an dich

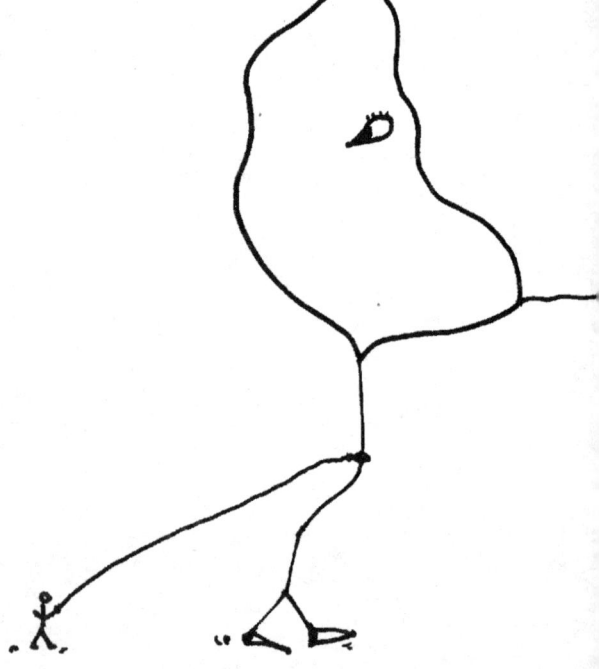

Pock-Pock

Ein kleiner Buntspecht
Mein ständiger Begleiter
Klopft an deine Tür

Märchen 3

Mein Engel, steh auf
Du schlummerst wie Dornröschen
Ich lass dich liegen

Teekesselchen

Warze an der Brust
Stimulierend, erogen
Warze am Fuß: Mist

C.

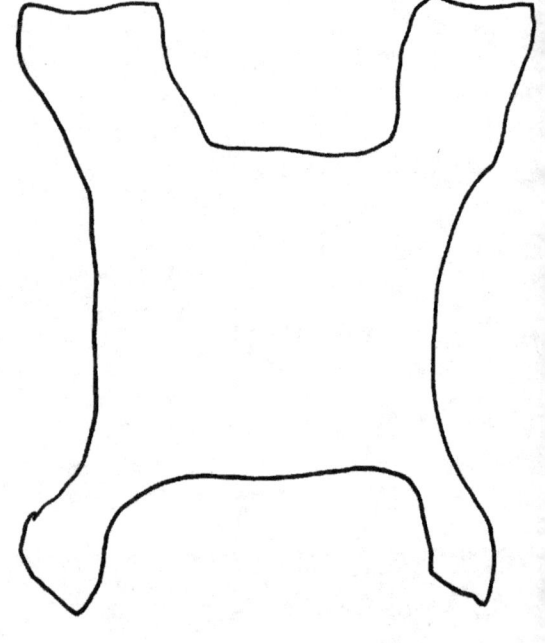

Aber 15000 Euro netto

Deine Frau und ich
Auf dem Leopardenfell
Du auf Montage

ei Land   !

Porno

Ein Viertel Pfund Mett
In altem Pflanzenfettsud
Gebraten mit Fisch

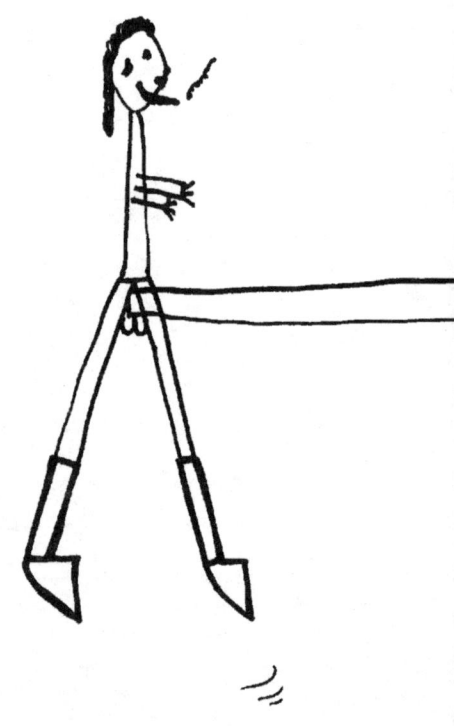

BiNG
BONG!

Action-Adventure

Diese da, ja die
Ist meine Freundin, also
Finger weg, sonst knallt's!

Usedom

Fotografieren
Ist erlaubt beim FKK
Aber nicht sinnvoll

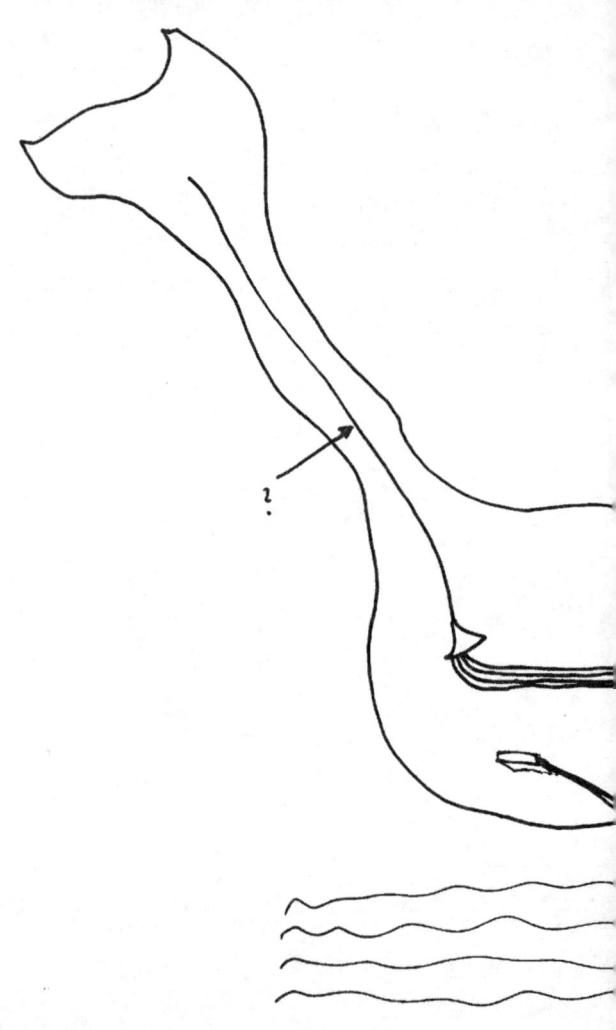

Needy

In Kopenhagen
Den Kopf zwischen den Schenkeln
Der Meerjungfrau – Gluck!

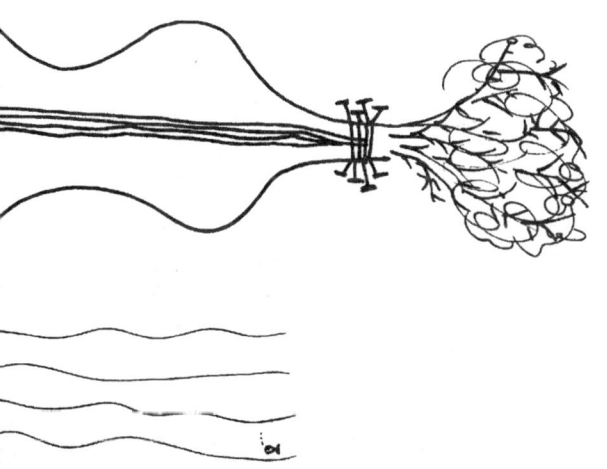

The day after tomorrow

Dortmund: Zombietown
Dein Herz schlägt nicht mehr weiter
Erinnere es

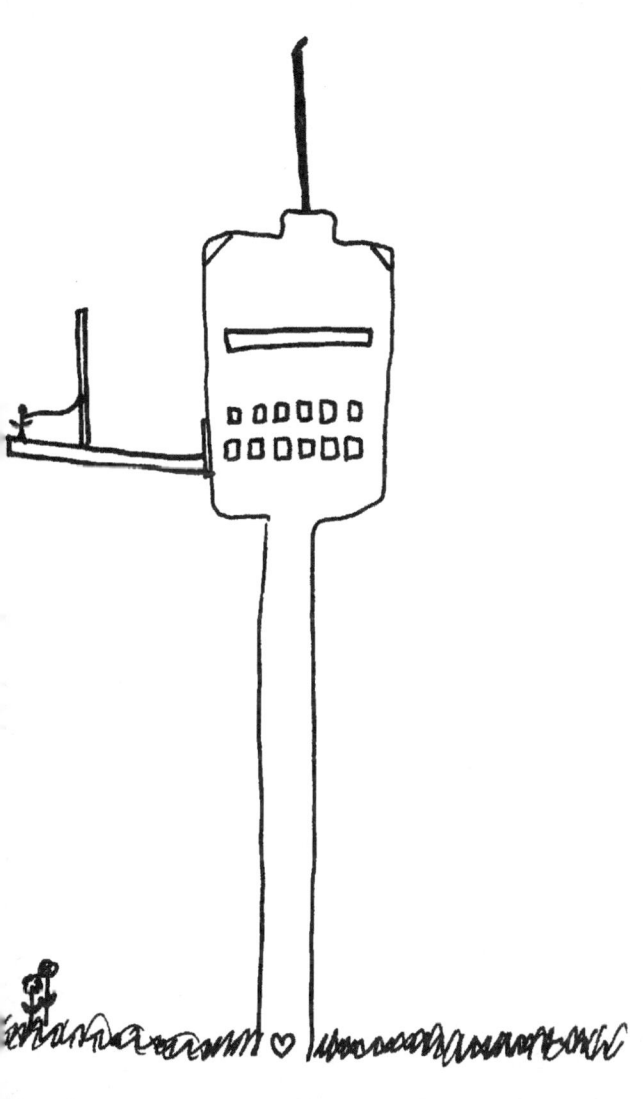

Erste Hilfe an der Weser

Das Schaf verschluckt sich
An einem Halm – es fällt um
Ich beatme es

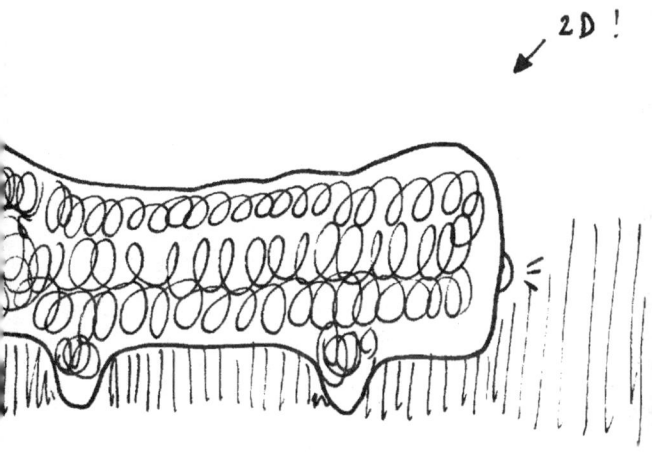

TRANSIT

Das Ende des Buches… –
auf geht's ins Metamorphe
Vorher und Nachher
lassen sich beschreiben –
aber nicht das, was passiert
Vom Material zur Grenze
der Form(barkeit) –
und zurück zum Barcode
Denn Haikuland – das ist kein Ort
Relikt, Fundstück & readymade –
aus alt mach neu,
HexHex!

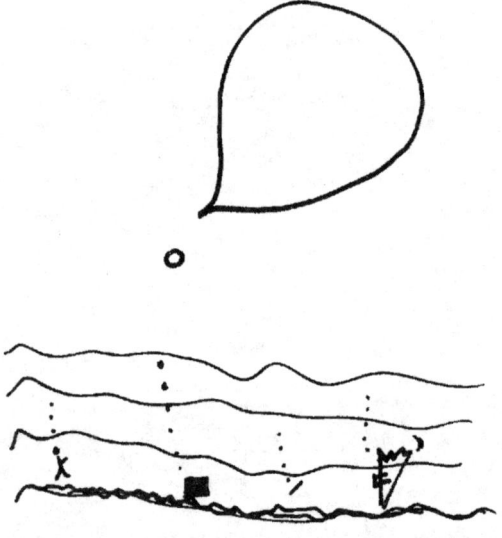

Black Box 2

Hier spricht der Captain
Beim Start gab es Probleme
Scheiße... äh, hier brennt's

Ich freu mich über die Unterschrift von Perèz

Allein mit Gipsbein
Ohne Krankenchipkarte
In Peru – super

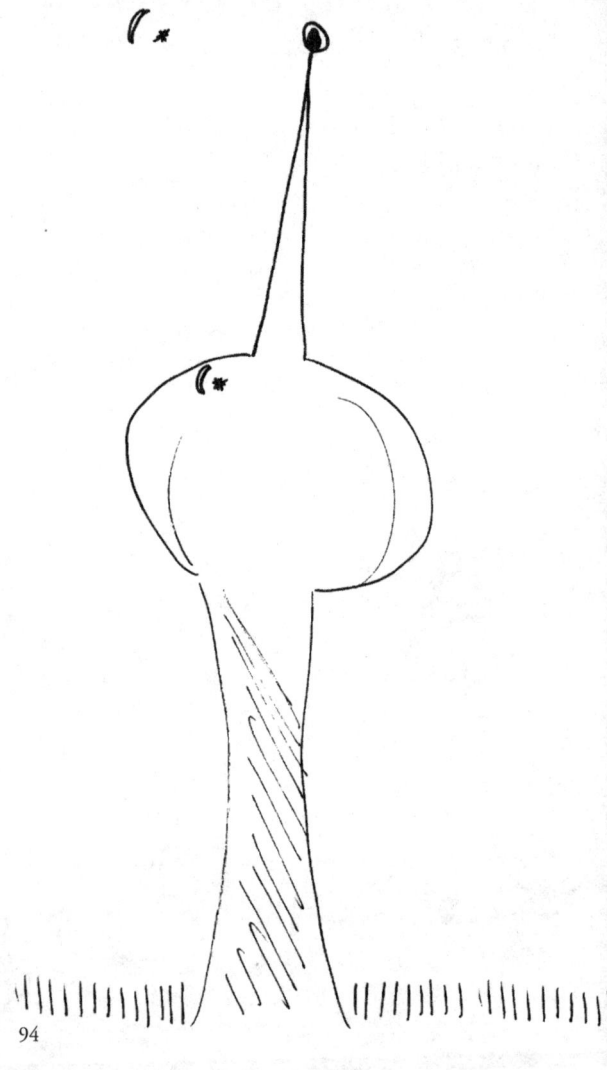

Globalisierung

Zwei Kühe im Gras
Du isst Euter im Jemen
Die gibt's jetzt schon hier

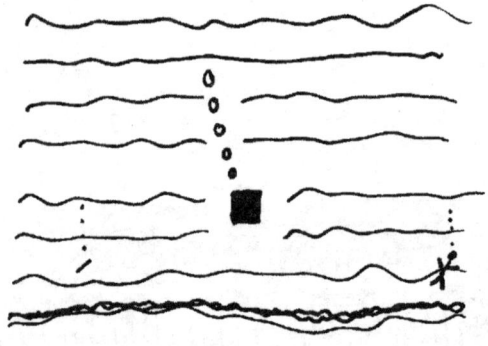

Black Box 4

Das Wetter: traumhaft
Und jetzt einen schönen Flug
Oh – ein Gewitter

Lychen

Mit der Hand im Boot
Vor nicht allzu langer Zeit
Im Schilf verschwunden

Kurtherme mit Natursekt

Wenn du gedacht hast
Pipi im Becken fällt auf
Hast du dich geirrt

Berge oder Meer?

Weil ich gern schwimme
Und nicht kraxle, ziehe ich
Das Meer Bergen vor

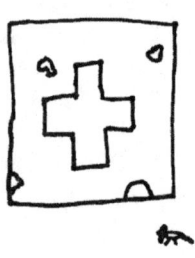

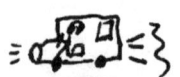

Käse

Neulich in der Schweiz
Weiser Entschluss fällt ganz schnell
Ich fahre zurück

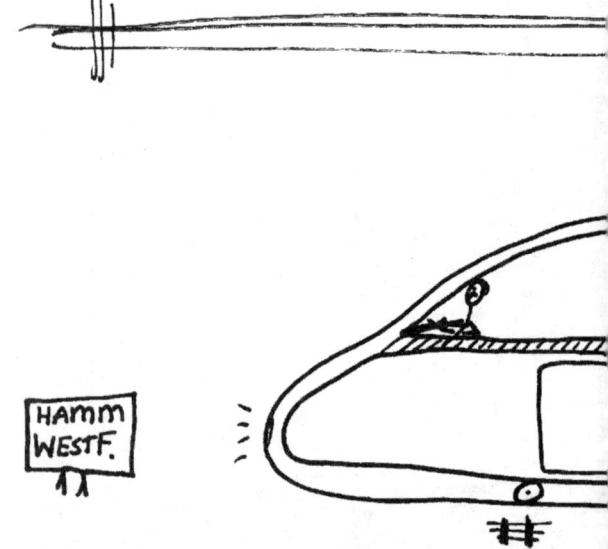

HAMM
WESTF.

16 Uhr 41, ICE 941

Liebe Fahrgäste
In Kürze erreichen wir
Hamm in Westfalen

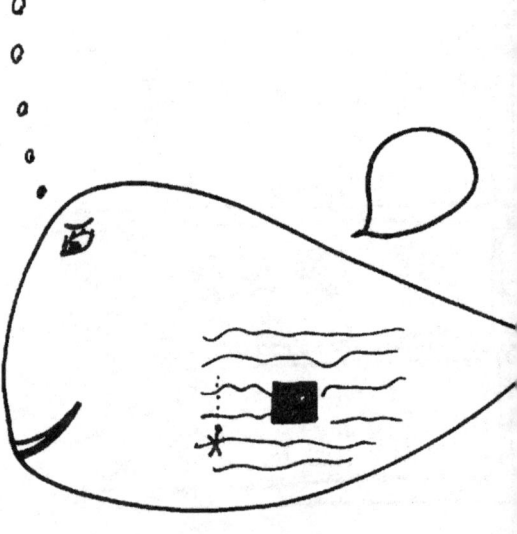

Black Box 3

Es mag sie wundern
Stewardess: ich mein ja nur
Da fehlt ein Flügel

Konzert in Gera
Kein Licht, kein Ton – man sieht ein
Hier ist wohl noch Krieg

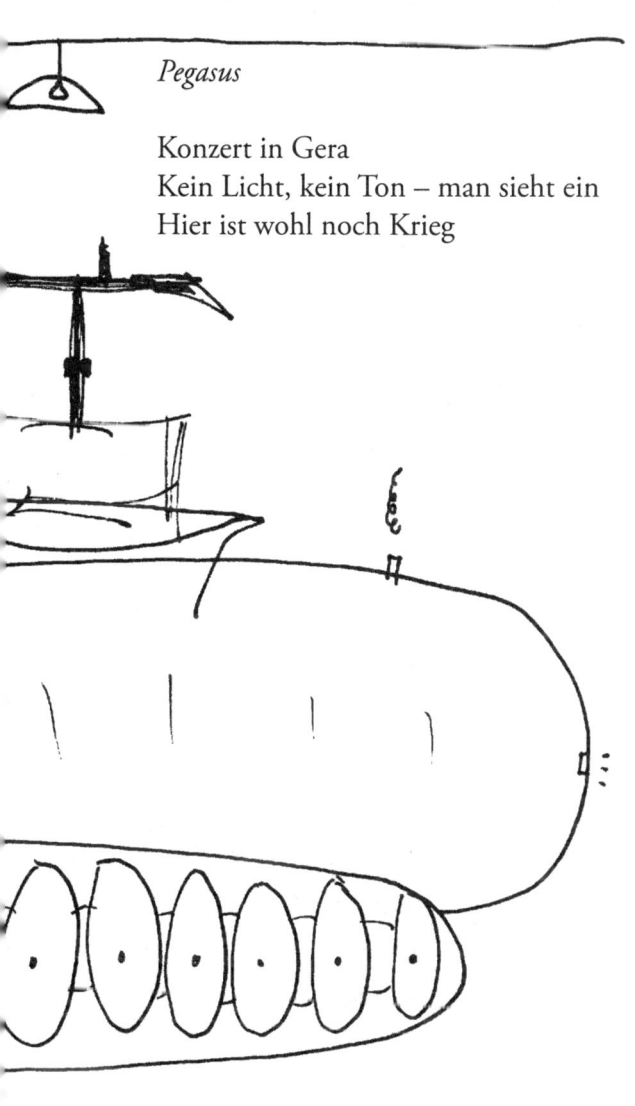

Black Box 5

Sie, was haben Sie
Da in der Flasche, warum
Durften Sie die mit

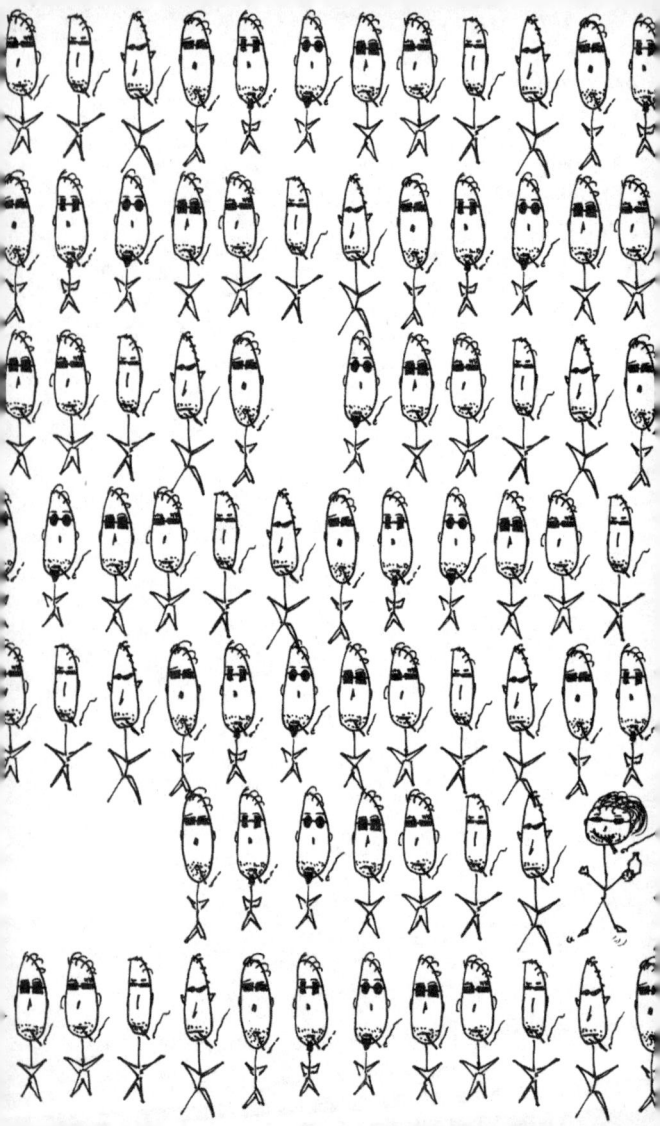

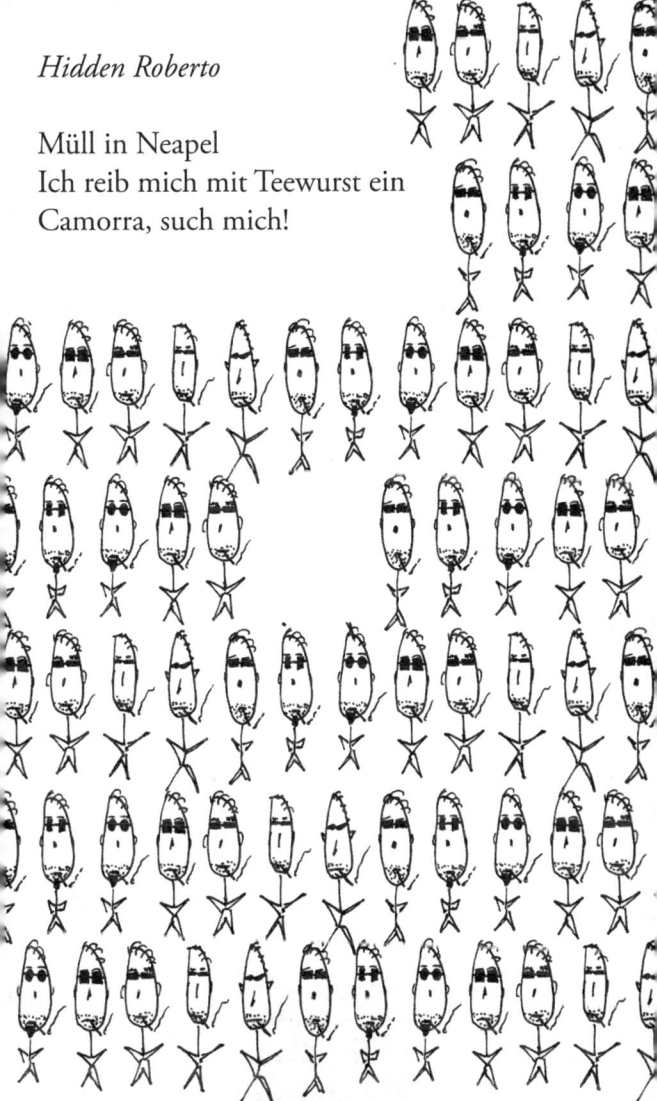

Hidden Roberto

Müll in Neapel
Ich reib mich mit Teewurst ein
Camorra, such mich!

Black Box 1

Liebe Fluggäste
Auf Grund eines Druckabfalls
Nehmen Sie jetzt schnell

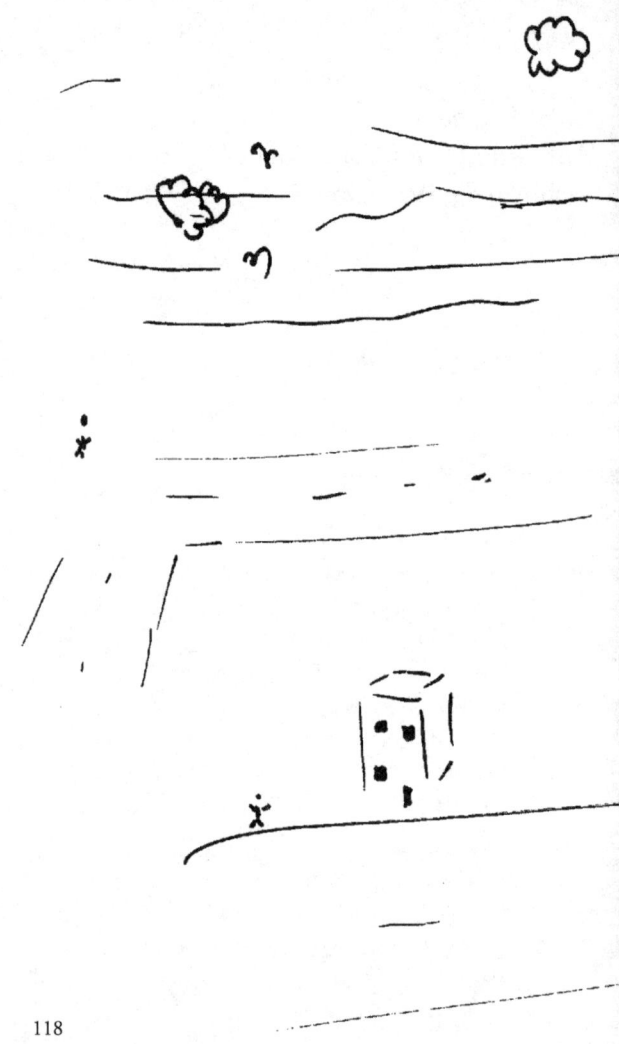

Trotz der Unannehmlichkeiten
einen schönen Abend

Wir entschuldigen
Uns für die entstandene
Verspätung. Danke.

NACHWORT

Dieses Buch wäre nicht wirklich geworden ohne Herrn Hoffmann, Camel, Jever und die Liebe. Ein besonderer Dank gilt dem Scheinbar Varieté in Berlin-Schöneberg und Rüdiger Schlömer, der die Augen und den Sinn hat, die mir fehlen. Ich danke Stefan Schröer, dem Vertriebscentrum und meiner Booking-Agentur für ihre Arbeit und ihr Vertrauen. Ich bin dankbar für jede Idee. Viel Spaß beim Lesen und Angucken!

Euer C. Heiland

www.c-heiland.de
www.comedydealer.de (booking)
www.trashkultur.com (management)
C. Heiland ist bei myspace und facebook